Inhalt

Druck gewaltig unter Druck - Doch trotz starker digitaler Konkurrenz hat der Print noch immer Zukunft

Kernthesen

Beitrag

Fallbeispiele

Weiterführende Literatur

Impressum

Druck gewaltig unter Druck - Doch trotz starker digitaler Konkurrenz hat der Print noch immer Zukunft

Harald Reil

Kernthesen

- Im Corporate Publishing (CP) überleben Printtitel, wenn sich die Macher auf ihre journalistischen Qualitäten besinnen. Das ist vor allem die Fähigkeit, gute Storys zu erzählen.
- Auch Konsumenten von Special-Interest-Magazinen lesen lange und komplexe

Beiträge lieber im Print als auf dem Computerbildschirm.
- Im Marketing herrscht das Prinzip der Cross- und Multimedialität. Dies ein Trend, der sich in Zukunft noch verstärken wird.
- Hirnforscher haben herausgefunden, dass Botschaften von Printprodukten besser im Gedächtnis haften bleiben als Nachrichten von ihren digitalen Pendants.
- Die moderne Technik bringt interessante Hybride hervor: Dazu gehören Visitenkarten mit Videobotschaften und ein Geschäftsbericht, der nur unter UV-Licht zu lesen ist.

Beitrag

Gedruckte CP-Titel punkten mit interessanten Storys

Die Printkommunikation ist zwar gewaltig unter Druck, ihr letztes Stündchen hat aber noch lange nicht geschlagen. Davon sind bis auf wenige Ausnahmen führende Corporate-Publishing-Experten überzeugt. Allerdings werden die Herausforderungen an gedruckte Kundenmagazine immer größer. Vor allem Tablet-PCs und Smartphones werden den traditionellen Printprodukten in Zukunft immer stärker zusetzen. Schon jetzt gibt es im D-A-CH-Raum etwa 8 700 CP-Apps, die von Nutzern rund 37 Millionen Mal heruntergeladen wurden. Damit die Printkommunikation angesichts dieser massiven Attacke nicht untergeht, muss sie sich auf das besinnen, was sie am besten kann: Sie steht in der Pflicht, interessante Storys zu liefern, die von Journalisten, die sich auf ihr Handwerk verstehen, entsprechend in Szene gesetzt werden. Wie das konkret aussieht, hat der diesjährige Corporate-Publishing-Award gezeigt. Die preisgekrönten Beiträge erzählten zum Beispiel von einem Gespräch mit dem Wind, handelten von einem indigenen Volk in Sumatra, bei dem die Frauen die Hosen anhaben oder beschrieben die Erfahrung eines Nissanfahrers, der sich auf einem Treffen voller Porsche-Enthusiasten umschaute. (1), (2), (3)

Special-Interest-Magazine bauen nach wie vor auf Print

Abgesehen von Corporate-Publishing-Titeln hat der Print aber auch in anderen Bereichen noch eine Zukunft. Special-Interest-Magazine zum Beispiel machen sich um die Zukunft ihrer Druckausgaben überhaupt keine Sorgen - und das aus verschiedenen

Gründen. Leser scheinen komplexe Inhalte, die längere Abhandlungen erfordern, lieber in einem Heft zu lesen als auf einem Bildschirm. Gut gemachte, hochwertige Printmagazine sind außerdem ein Hingucker. Zudem kann die virtuelle Welt dem haptischen Erlebnis, das Drucktitel vermitteln, noch immer nichts entgegensetzen. Dennoch fahren auch Special-Interest-Magazine nicht eingleisig. Wie im Corporate Publishing geht der Trend ganz klar hin zur crossmedialen Vermarktung. Sie ist natürlich auch eine Reaktion auf die Bedürfnisse der Leser, die mittlerweile geradezu erwarten, dass Autoren und Redakteure im gedruckten Medium auf weiterführende Links im Internet verweisen. (3), (5)

Im Marketing spielt Gedrucktes noch immer eine wichtige Rolle

Auch im Marketing hat der Druck noch lange nicht ausgedient. Das hat eine Untersuchung der Unternehmensberatung Absolit mit Sitz im baden-württembergischen Waghäusel ergeben. Für die Studie, die unter dem Namen "Online-Marketing-Trends 2012" veröffentlicht wurde, haben Absolit-Mitarbeiter 727 Unternehmen befragt. Vor allem Investitionsgüterhersteller vertrauen noch immer auf die klassische Pressearbeit und gedruckte Mailings. Aber auch viele Firmen, die sich als besonders fortschrittlich verstehen, wollen auf Pressearbeit und Printmailings nicht verzichten. Absolit zieht aus der Studie folgenden Schluss: Wer nur auf digitale Marketingarbeit setzt, verkennt, dass Offline-Aktionen sehr oft mit hohen Erfolgsquoten glänzen. Die Unternehmensberater raten daher zur Cross- und Multimedialität. (6)

Gedrucktes bleibt besser im Gedächtnis haften

Dass Print-Produkte auch im digitalen Zeitalter noch immer ihre Berechtigung haben, bestätigt auch die Hirnforschung. An der Universitätsklinik Bonn legten Wissenschaftler Studienteilnehmern folgende Aufgabe zur Lösung vor: Sie sollten sich Logo-Claim-Kombis merken. Fünfzig davon wurden ihnen auf Papier ausgehändigt, die anderen fünfzig lasen sie von einem Computerbildschirm ab. Das Resultat: Bei gedruckter Werbung zeigte sich eine Aktivierung von deutlich mehr Hirnarealen als bei ihren digitalen Gegenparts. Die Probanden konnten Printbotschaften daher auch besser verarbeiten. Die Wissenschaftler gehen davon aus, dass das haptische Erlebnis für die bessere Merkfähigkeit der Studienteilnehmer entscheidend war. (4)

Trends

Die Zukunft ist cross- und multimedial

Dass die Printkommunikation noch lange nicht zum alten Eisen gehört, sondern im Gegenteil quicklebendig ist, bestätigen Experten der verschiedensten Branchen. Genauso wenig lässt sich aber leugnen, dass die neuen Medien während der letzten Jahre einen rasanten Aufschwung genommen haben. Gedrucktes wird daher neben Digitalem bestehen, beides wird sich wechselseitig beeinflussen und befruchten. Wenn daher schon jetzt die Welt der Information cross- und multimedial ist, wird sie es in Zukunft noch stärker werden. (1), (2), (3), (5)

Visitenkarte mit Videobotschaft

Die moderne Technik ermöglicht interessante Hybride zwischen Druck und Elektronik. Ein Beispiel sind neuartige Visitenkarten, die das Unternehmen i Look Innvovations entwickelt hat. Dank eines superdünnen Displays und eines Mini-Lautsprechers lassen sich auf diesen Karten nicht nur die Kontaktdaten des Besitzers hinterlegen, sondern auch Videobotschaften mit einer Länge von bis zu 90 Minuten abspielen. Mit 88 x 64 x 5 Millimeter ist die

High-Tech-Card dabei nur unwesentlich größer als eine herkömmliche Visitenkarte. (8)

Goldener Löwe für "UV-Geschäftsbericht"

Ein Beispiel dafür, wie moderne Technik herkömmliche Druckprodukte revolutionieren kann, hat die Münchener Agentur Serviceplan vorgemacht. Sie hat für den Branchenverband Austria Solar, der die österreichische Solarwirtschaft vertritt, einen Geschäftsbericht entwickelt, der sich nur unter UV-Licht lesen lässt. Die Juroren in Cannes waren von der Idee so begeistert, dass sie sie mit dem Golden Löwen für "Product & Service Corporate Image & Information" auszeichneten. (9)

Fallbeispiele

"Gesünder Leben" plant iPad-Variante

Der Special-Interest-Titel "Gesünder Leben" hat ein Publikum, das nach wie vor den Druckausgaben des Magazins fest die Treue hält. Die Verantwortlichen haben festgestellt, dass ihre Leser vor allem komplexere Geschichten lieber im Printmagazin lesen. Dennoch hat auch "Gesünder Leben" natürlich einen

Webauftritt, es gibt ein E-Paper, eine iPad-Variante ist in Planung. (5)

Print bleibt auch in der Schulkommunikation unverzichtbar

Auch in der Schulkommunikation werden Unternehmen nicht auf gedruckte Materialien verzichten können. Das scheint auf den ersten Blick erstaunlich, wächst doch die neue Generation vor allem mit digitalen Kommunikationsmitteln auf. Dennoch glauben Medienwissenschaftler, dass Printprodukte für Unternehmen in der Schule noch immer unverzichtbar sind, wenn es beispielsweise darum geht, ihr Image zu fördern, auf Finanzdienstleistungen hinzuweisen oder Nachwuchs zu rekrutieren. Erstens akzeptierten Lehrer gedruckte Botschaften eher als die leicht veränderbaren Inhalte von Digitalmedien; zweitens würden Printbotschaften auf Collegeblöcken oder in Schülerheften, da diese länger im Gebrauch seien, auch längere Halbwertszeiten als ihre digitalen Pendants haben. (7)

Post setzt weiter auf Gedrucktes

Auch die Deutsche Post hat einige der neuesten Erkenntnisse der Hirnforschung genau verfolgt: Da Druckbotschaften besser im Gedächtnis der Nutzer haften bleiben als ihre digitalen Gegenparts, wird der Konzern auch in Zukunft auf Gedrucktes setzen. (4)

MLP stellt Print-Ausgabe seines Kundenmagazins ein

Entgegen dem allgemeinen Trend hat der Finanzdienstleister MLP angekündigt, in Zukunft auf sein gedrucktes Kundenmagazin zu verzichten. Schon ab Ende dieses Jahres wird es daher nur noch eine digitale Ausgabe von "Forum" geben. Die letzten Print-Magazine werden dazu genutzt, die Leser auf die Umstellung vorzubereiten. (1), (2)

Weiterführende Literatur

(1) Die Story muss stimmen
aus DIE WELT, 13.09.2012, Nr. 215, S. 4

(2) Der Touch der Zukunft
aus Horizont 26 vom 28.06.2012 Seite 028

(3) Unter Druck
aus acquisa, Vol. 56, Heft 07-08/2012, S. 26-28

(4) Hirnforschung: Printanzeigen bleiben besser im Gedächtnis
aus horizont.net vom 27.08.2012

(5) ‚Aus der Webpanik aufwachen'
aus "Horizont" Nr. 36/2012 vom 07.09.2012 Seite: 33

(6) Schwerpunkt
aus werben & verkaufen Nr. 25 vom 21.06.2012, S. 41

(7) Der Reiz der Haptik
aus Horizont 32 vom 09.08.2012 Seite 027

(8) Visitenkarte mit Video
aus Deutscher Drucker Nr. 17 vom 18.05.2012 Seite 11

(9) Werbe-Oscar für Austria Solar in Cannes
aus OTS-ORIGINALTEXT vom 21.06.2012, 08:46:36

Impressum

Druck gewaltig unter Druck - Doch trotz starker digitaler Konkurrenz hat der Print noch immer Zukunft

Bibliografische Information der deutschen Nationalbibliothek

Die Deutsche Nationalbibliothek verzeichnet diese Publikation in der deutschen Nationalbibliografie; detaillierte bibliografische Daten sind im Internet über http://dnb.d-nb.de abrufbar.

ISBN: 978-3-7379-0392-9

© 2015 GBI-Genios Deutsche Wirtschaftsdatenbank GmbH, Freischützstraße 96, 81927 München, www.genios.de

Alle Rechte vorbehalten. Dieses Werk ist einschließlich aller seiner Teile – z.B. Texte, Tabellen und Grafiken - urheberrechtlich geschützt. Jede Verwertung außerhalb der Grenzen des Urheberrechtsgesetzes bedarf der vorherigen Zustimmung des Verlags. Dies gilt insbesondere auch für auszugsweise Nachdrucke, fotomechanische Vervielfältigungen (Fotokopie/Mikroskopie), Übersetzungen, Auswertungen durch Datenbanken oder ähnliche Einrichtungen und die Einspeicherung und Verarbeitung in elektronischen Systemen.